TOUT SAVOIR SUR LE LAIKA DE SIBERIE OCCIDENTALE

II

TOUT SAVOIR SUR LE LAIKA DE SIBERIE OCCIDENTALE

Mon Ami Le Chien

Saphira Eiger

III

Sommaire

FICHE D'IDENTITÉ

NOM OFFICIEL : Zapadno Sibirskaïa Laïka

AUTRES NOMS : West Siberian Laïka

PAYS D'ORIGINE : Russie

CLASSIFICATION :

Groupe : 5 — Chiens de type Spitz et de type primitif

Section : 2 — Chiens nordiques de chasse

CARACTÉRISTIQUES :

Taille de la femelle : 51 à 58 cm

Poids de la femelle : 14 à 22 kg

Taille du mâle : 55 à 62 cm

Poids du mâle :   17 à 25 kg

Longévité :   De 14 à 16 ans

FCI: 1980

AKC :   NON

KC :   NON

UKC :   1996

La Fédération Cynologique Internationale (**FCI**) est une organisation internationale basée en Belgique, comptant comme membres les institutions nationales de 98 pays. C'est, de loin, l'association canine la plus importante au niveau mondial.

L'American Kennel Club (**AKC**) est la principale association canine des États-Unis, et le seul registre gratuit du pays. Non affiliée à la FCI, elle a cependant une portée internationale.

The Kennel Club (**KC**) est l'association canine officielle du Royaume-Uni et c'est aussi la plus ancienne (elle fut créée en 1873). Peu influente sur le plan international, son histoire et son prestige font qu'elle est cependant très respectée.

L'United Kennel Club (**UKC**) est un registre canin basé aux États-Unis important en Amérique du Nord, mais peu suivi dans le reste du monde.

SES ORIGINES

Les ancêtres du Laïka de Sibérie Occidentale ont accompagné les peuples Mansi et Hanty pendant des siècles, voire des millénaires. Installés le long de la rivière Ob, dans une région sauvage de l'ouest de la Sibérie, au pied des montagnes de l'Oural, ils restèrent relativement isolés jusqu'à la fin du 19ème siècle. Ils étaient alors surtout utilisés pour la chasse de la zibeline, dont la fourrure est précieuse, mais se montraient extrêmement efficaces pour toutes sortes de gibiers, de l'écureuil au sanglier.

Dans les années 1920, les rumeurs concernant les qualités exceptionnelles de ces chiens suscitèrent l'intérêt des chasseurs des régions de Moscou et Ekaterinbourg. Deux programmes d'élevage furent alors lancés en parallèle dans ces deux villes. Celui d'Ekaterinbourg reposa au début sur un mâle nommé Grozny, tandis qu'un autre mâle répondant au nom de Mishka fut au fondement de celui de Moscou.

La Seconde Guerre Mondiale ralentit le développement de la race, mais dès les années 40 les programmes d'élevage reprirent de manière officielle, sous l'autorité de l'État. En 1947, les 4 races de Laïka furent reconnues par les autorités : le Laïka de Sibérie Occidentale, le Laïka de Sibérie Orientale, le Laïka Russo-Européen et le Laïka Karélo-Finnois.

Dans les années 50 et 60, les élevages contrôlés par l'état jouèrent un rôle primordial dans le développement de la race — à tel point d'ailleurs que dans les années 60, le Laïka de Sibérie Occidentale était déjà l'un des chiens de chasse préférés des Russes, un statut qu'il a conservé depuis lors.

Il acquit aussi une certaine notoriété en tant que chien de compagnie. Quelques spécimens commencèrent aussi à apparaître dans les expositions canines, et y obtinrent un certain succès. Ce dernier fut toutefois de courte durée : lorsque les autorités rendirent obligatoires les épreuves sur le terrain pour pouvoir être enregistré comme Laïka de Sibérie Occidentale, il en revint à son rôle originel, et sa présence dans les concours de beauté se fit de plus en plus rare.

En 1980, la Fédération Cynologique Internationale (FCI) reconnut la race de manière définitive.

La chute de l'U.R.S.S. une décennie plus tard n'eut que peu d'impact sur sa popularité dans son pays d'origine : malgré l'apparition de nouvelles races, il continua à avoir la préférence de nombreux chasseurs russes. Au contraire, cela lui offrit même l'occasion de conquérir de nouveaux territoires, notamment la Scandinavie.

Cela lui permit également de poser officiellement ses pattes aux États-Unis. Dans les années 60-70, des diplomates russes avaient certes déjà introduit quelques Laïkas de Sibérie Occidentale en Amérique du Nord en tant que chiens de compagnie, mais c'est le Dr Vladimir Beregovoy qui est crédité de la première importation officielle aux États-Unis, en 1992. Ce cynophile averti fit beaucoup pour la popularisation de ce chien dans le pays, et c'est en bonne partie grâce à ses efforts que l'United Kennel Club (UKC) reconnut la race en 1996.

L'autre organisme de référence du pays, l'American Kennel Club (AKC), n'en a toutefois pas encore fait de même — pas plus d'ailleurs que le Club Canin Canadien (CCC) voisin ou le Kennel Club (KC) britannique.

SON APPARENCE

Le Laïka de Sibérie Occidentale est un chien de taille moyenne, ayant gardé une apparence sauvage et présentant toutes les caractéristiques des spitz nordiques : tête rappelant celle du loup, oreilles dressées, queue enroulée.

Son corps musclé est très légèrement rectangulaire, presque carré. Le poitrail est large et massif, tandis que la ligne du ventre est levrettée. La queue est portée enroulée sur le dos ou sur les hanches. Les pattes, musclées et assez longues, se terminent par des pieds ovales dont le doigt du milieu est plus long.

Sa tête, en forme de triangle équilatéral, est plus large chez les mâles que chez les femelles. Le crâne est allongé, avec un stop faiblement marqué et un museau pointu qui se termine par une truffe noire, ou marron foncé chez les spécimens de couleur blanche. Ses yeux, petits et ovales, sont de couleur marron à marron foncé. Les oreilles, pointues, sont attachées haut sur le crâne et redressées.

Le sous-poil est abondant, doux au toucher, et présente une texture laineuse. Le poil de couverture est quant à lui droit, dur, et très dense. Le pelage est plus court sur le visage, les oreilles et les membres, et plus long au niveau du cou et des épaules.

La couleur la plus fréquente est le gris, qui rappelle la robe du loup et peut se décliner dans différentes nuances de marron, rouge ou fauve. Il existe aussi des sujet blanc uni, ou bien blanc avec des marques de couleur gris, marron, rouge ou fauve.

Enfin, le dimorphisme sexuel est bien marqué chez cette race : le mâle est plus grand, plus massif et plus musclé que la femelle. Il présente en outre un poil plus abondant au niveau du garrot.

VARIÉTÉS

Il est courant de confondre les différents Laïkas et de croire qu'il s'agit de variétés d'une seule et unique race. Pourtant, il s'agit bien de races distinctes, qui furent reconnues en 1947 dans leur pays d'origine, la Russie, avant que les organismes des autres pays en fassent de même : le Laïka de Sibérie Occidentale, le Laïka de Sibérie Orientale, le Laïka Russo-Européen et le Laïka Karélo-Finnois.

Depuis 2009, ce dernier est assimilé au Spitz Finlandais et n'est plus reconnu comme une race à part entière. Il ne reste donc que 3 des 4 races originelles.

En parallèle existe également le Laïka de Yakoutie, une race bien plus ancienne et aux origines totalement différentes, qui est reconnu par plusieurs organismes majeurs, dont la FCI et l'AKC. Elle est cependant fort différente des autres Laïka et n'est pas considérée comme faisant partie du même groupe. En effet, c'est un chien de traîneau, et non un chien de chasse utilisant ses aboiements pour signaler la position du gibier.

SON CARACTÈRE

Le Laïka de Sibérie Occidentale est très proche de sa famille et se montre incroyablement dévoué. S'il doit être séparé des siens et accueilli dans un nouveau foyer, il a besoin de beaucoup de temps pour s'adapter à ses nouveaux propriétaires, et ne réussit jamais à recréer les mêmes liens.

Il est naturellement méfiant envers les inconnus, qu'il accueille invariablement par des aboiements. Selon les individus et leur degré de socialisation, l'attitude diffère grandement une fois que le nouveau venu a été invité à entrer par le maître : certains viennent faire connaissance, tandis que d'autres retournent vaquer à leurs occupations. En revanche, tous risquent fort de percevoir une intrusion sur leur territoire comme une menace, et de décider alors de défendre leur famille.

Il apprécie la compagnie de congénères avec qui il a grandi et, une fois la hiérarchie bien établie entre eux, les conflits sont rares. Il en va très différemment avec les autres chiens qui lui sont inconnus : les disputes sont fréquentes, en particulier si les protagonistes sont tous deux des mâles. De fait, il est déconseillé de promener un Laïka de Sibérie Occidentale sans laisse s'il y a des chiens dans les environs.

Il en va de même avec les petits animaux. Les chats, rongeurs et oiseaux avec lesquels il a grandi sont à l'abri de ses instincts de chasseur, mais tous les autres sont poursuivis sans relâche. Quant aux animaux de plus grande taille, il fait instinctivement la différence entre ceux qui sont domestiqués et ceux qui sont sauvages. Il passe donc tranquillement à côté d'un troupeau de chèvres, mais part comme une flèche à la poursuite d'un chevreuil.

Les besoins d'activité physique du Laïka de Sibérie Occidentale sont extrêmement élevés, et il adopte rapidement un comportement destructeur s'ils ne sont pas remplis. Pour ne pas le voir creuser partout et mâchouiller tous les objets à sa portée, il est indispensable de lui permettre de se dépenser au minimum une heure à une heure et demie par jour. Les séances de jeux peuvent être un bon moyen de le divertir de temps à autre et lui permettre de se dépenser, mais rien ne remplace pour lui le fait de pouvoir se promener librement en pleine nature.

S'il a la possibilité d'en faire davantage, par exemple parce qu'il a la chance d'avoir un maître sportif qui aime pratiquer la cani-rando avec son chien ou encore l'emmener avec lui quand il part courir ou faire du vélo, il n'en est que plus heureux.

Le risque est toutefois grand qu'il se lance à la poursuite de gibier au cours de ses sorties, et rien ne garantir qu'il retrouve systématiquement le chemin pour retourner auprès de son maître. L'équiper d'un collier pour chien avec GPS est une excellente idée pour connaître à tout moment sa position avec exactitude, et ainsi lui permettre de se défouler sans avoir à s'inquiéter de le perdre.

Même s'il y en a plusieurs par jour, ces sorties ne sauraient en aucun cas être sa seule activité physique. En effet, le Laïka de Sibérie Occidentale doit avoir à sa disposition un grand espace dans lequel il peut à tout moment courir et s'amuser à sa guise. Ce jardin doit toutefois être parfaitement clos, pour éviter qu'il ne pourchasse le chat du voisin ou qu'il se lance dans une discussion animée avec un chien qui passe. Mieux vaut en outre s'assurer que la clôture est bien enfoncée dans la terre, car il est parfaitement capable de creuser un passage pour passer en dessous.

En tout cas, c'est un chien fait pour vivre en extérieur : il est absolument ravi de pouvoir dormir dehors, à condition bien entendu de disposer d'un endroit abrité bien à lui.

À l'inverse, la vie en appartement ou dans un modeste enclos au fond du jardin n'est pas du tout à son goût. Même un jardin de petite taille ne suffit pas à ce chien qui a un grand besoin d'espace et d'exercice, au risque de développer divers problèmes de comportement : destructions, agressivité…

Intelligent et travailleur, le Laïka de Sibérie Occidentale gagne à avoir une occupation à effectuer. La chasse est sans conteste la meilleure activité pour cela, et lui permet de se dépenser aussi bien physiquement que psychologiquement. À défaut, les sports canins peuvent constituer d'excellents ersatz pour le stimuler intellectuellement tout en lui permettant de se défouler.

Enfin, comme son nom l'indique (« Laïka » signifie « aboyeur » en russe), ce chien est très vocal. Il aboie pour signaler la présence d'animaux, la venue d'une nouvelle personne, ou tout simplement pour s'exprimer. Les voisins peuvent ne pas forcément apprécier…

SA SANTÉ

Grâce à des siècles de sélection naturelle dans un climat particulièrement difficile, le Laïka de Sibérie Occidentale est exceptionnellement robuste. Il fait d'ailleurs partie des races de chien qui vivent le plus longtemps parmi toutes celles de son gabarit.

En outre, comme on peut s'y attendre au vu de ses origines, il est parfaitement adapté aux climats rigoureux. Il ne craint ni le froid ni les intempéries, et peut parfaitement passer tout l'hiver dehors, dès lors qu'il dispose d'un endroit où il peut se mettre à l'abri du vent et de la pluie. Il est en revanche beaucoup moins à l'aise quand le mercure grimpe, et n'est pas adapté aux étés caniculaires des régions méditerranéennes.

Malgré sa santé de fer, il est, comme tous les chiens, davantage enclin à certaines maladies :

- la dysplasie de la hanche et la dysplasie du coude, des malformations articulaires souvent héréditaires et qui causent de grandes difficultés de locomotion. Elles demeurent toutefois moins courantes que chez d'autres races similaires ;

- la hernie ombilicale, lorsque les organes internes traversent les muscles de la paroi abdominale. Elle peut être corrigée à l'aide d'une opération chirurgicale ;

- l'ectopie testiculaire, ou cryptorchidie, quand l'un des deux ou les deux testicules du mâle ne descend (ent) pas correctement dans le scrotum. Cela peut induire différents problèmes de comportement et de santé, à commencer par la stérilité, mais une intervention chirurgicale permet d'y remédier.

Cela dit, le risque principal pour la santé du Laïka de Sibérie Occidentale est tout simplement son mode de vie, actif et dans la nature. En effet, il l'expose davantage à de potentielles blessures, qu'il s'agisse par exemple d'une fracture suite à une mauvaise chute ou d'une simple égratignure s'étant infectée.

Comme pour toute race, l'adoption chez un éleveur sérieux permet de diminuer les risques d'obtenir un chiot avec des problèmes de santé. En plus des résultats des tests génétiques effectués sur ce dernier et/ou sur ses parents, le professionnel doit être en mesure de présenter un certificat établi par un vétérinaire qui atteste que le chiot est en bonne santé, ainsi que le détail des vaccins qui lui ont été administrés, consignés dans son carnet de santé ou de vaccination.

Même s'il est en parfaite santé, il convient d'emmener ensuite régulièrement son chien chez le vétérinaire tout au long de sa vie, pour un contrôle de routine permettant de s'assurer qu'il reste à jour de ses vaccins et de déceler précocement un éventuel problème. En parallèle, il faut également veiller à renouveler ses traitements antiparasitaires chaque fois que cela est nécessaire, pour qu'il reste protégé en permanence.

Enfin, il convient de noter que ce n'est pas qu'en termes d'apparence que le Laïka de Sibérie Occidentale a gardé un lien avec le loup. En effet, à l'instar de leur ancêtre sauvage, la majorité des femelles de cette race n'entrent en chaleur qu'une fois par an, le plus souvent à la sortie de l'hiver, pour donner naissance au début du printemps. Les portées comptent généralement de 3 à 7 chiots.

SA POPULARITÉ DANS LE MONDE

Bien qu'il soit reconnu par les associations internationales, le Laïka de Sibérie Occidentale est encore très loin de faire partie des races répandues à travers le monde.

De fait, s'il continue d'être populaire en Russie et est désormais assez courant en Scandinavie et en Europe de l'Est, le Laïka de Sibérie Occidentale reste encore largement méconnu en Europe de l'Ouest. Il en va de même en Amérique du Nord, où sa population est estimée inférieure à 300 individus.

En France, seuls 13 individus ont été enregistrés au Livre des Origines Français (LOF) au cours de la décennie 2010, ce qui en fait une race de chien très rare dans l'Hexagone. Cependant, la création en 2019 d'un premier élevage dédié à ce chien pourrait entraîner une augmentation rapide de l'intérêt à son encontre.

SES DIFFÉRENTS USAGES

Le Laïka de Sibérie Occidentale est avant tout un chien de chasse. Ses ancêtres ont accompagné les chasseurs pendant des siècles, et la race a continué jusqu'à ce jour à être développée pour conserver toutes les qualités faisant de lui un allié de poids pour ces derniers.

Il était et est donc toujours utilisé pour la chasse de nombreux gibiers de toutes tailles, de l'écureuil au sanglier. Il est cependant encore souvent spécialisé dans la chasse à la zibeline, dont la fourrure est très appréciée. Quelle que soit sa cible, sa technique est typique des spitz de chasse nordiques : débusquer l'animal, le rattraper, l'acculer, puis l'occuper tout en aboyant pour signaler sa position au chasseur. Une fois que celui-ci arrive, il suffit d'un coup de fusil pour mettre fin au processus.

Le Laïka de Sibérie Occidentale peut aussi être un excellent chien de compagnie, fidèle et dévoué, qui se fait un plaisir d'accompagner un maître sportif dans de longues sorties à pied ou à vélo.

Dans la mesure où il doit toujours avoir une tâche à accomplir et la possibilité de se sentir utile, au risque de s'ennuyer, il est possible notamment de lui confier la garde de la maison. En effet, toujours aux aguets et très vocal, il fait un excellent chien d'alerte, qui ne laisse personne s'approcher inaperçu. Comme il est également courageux, territorial et dévoué, la plupart des représentants de la race font aussi de bons chiens de protection qui, malgré leur manque d'agressivité, n'hésitent pas à défendre leur famille si celle-ci est en danger.

Il apprécie également les sports canins, qui sont une excellente manière de répondre à son besoin d'activité. Sans surprise, il a un penchant tout particulier pour ceux qui stimulent son instinct de chasse : épreuves de terrains, poursuite, recherche…

ÉDUQUER SON LAÏKA DE SIBÉRIE OCCIDENTALE

La socialisation du Laïka de Sibérie Occidentale dès les premières semaines suivant son adoption est indispensable pour l'aider à se familiariser avec sa nouvelle vie. Il doit faire la connaissance de tous les personnes et animaux qu'il peut être amené à rencontrer plus tard, afin de s'habituer à leur présence. Il faut aussi lui faire vivre tous types d'expériences et le confronter à divers stimuli (bruits, odeurs…), afin qu'il apprenne à se contrôler face à l'inconnu : trajets en voiture, visites chez le vétérinaire, promenades en ville…

Compte tenu de sa propension à se lancer à la poursuite de petits animaux ainsi qu'à entrer en conflit avec ses congénères lors de rencontres, apprendre à son chien à marcher en laisse est particulièrement indispensable pour pouvoir le promener dans les environnements à risque (par exemple en milieu urbain, ou dans un lieu fréquenté par d'autres chiens). Toutefois, cela ne suffit pas, et il faut également mettre l'accent sur l'enseignement du rappel. En effet, même s'il sera toujours impossible de lui faire entièrement confiance à ce niveau, son besoin d'exercice est incompatible avec le fait de le tenir en laisse en permanence.

Intelligent et indépendant, le Laïka de Sibérie Occidentale a tôt fait de prendre la mesure d'un maître novice ne sachant pas affirmer son autorité — ce n'est d'ailleurs pas un choix très recommandé pour une première adoption. Il n'est pas spécialement têtu, mais s'il pense que sa manière de faire est la plus adaptée, il faut un certain doigté pour finir par réussir à lui faire comprendre l'intérêt d'agir comme son maître le souhaite.

Un moyen de parvenir à ses fins peut être d'avoir recours à des friandises, car elles sont la meilleure motivation possible pour lui. C'est d'ailleurs ce qu'il fait qu'il répond très bien à la méthode d'éducation canine basée sur le renforcement positif.

Enfin, la chasse est pour lui quelque chose d'instinctif, et ne nécessite donc pas d'apprentissage particulier. D'ailleurs, même les jeunes chiots ont tendance à s'élancer après les petits animaux, à les acculer et à aboyer pour indiquer leur position.

NOURRIR SON LAÏKA DE SIBÉRIE OCCIDENTALE

Le Laïka de Sibérie Occidentale n'est pas difficile à l'heure du repas et s'accommode très bien de la nourriture industrielle pour chien. Pour le garder en bonne santé, celle-ci doit cependant être de bonne qualité, notamment afin de lui apporter tous les nutriments dont il a besoin. Les produits choisis et les quantités qui en sont données doivent aussi impérativement être adaptés à son âge, sa taille et son niveau d'activité.

Ce dernier étant élevé, il a une dépense énergétique qui l'est aussi, et mange en conséquence. Ce n'est clairement pas un bon choix pour une personne privilégiant une race au budget alimentation limité.

C'est évidemment encore plus le cas pendant la saison de la chasse, au cours de laquelle il est pertinent d'ajuster à la hausse sa ration quotidienne : cela permet un apport énergétique accru nécessaire pour qu'il soit en pleine possession de ses moyens dans cette période où il se dépense davantage. Dès qu'elle est achevée, il convient de revenir à la quantité de nourriture habituelle, au risque qu'il prenne de l'embonpoint.

Son niveau d'activité lui permet normalement d'être à l'abri de l'obésité, mais les choses peuvent vite changer s'il n'a pas la possibilité de se dépenser autant qu'il devrait. Il est donc impératif d'adapter ses rations à son activité physique réelle, et le peser tous les mois pour détecter un éventuel dérapage.

En cas de prise de poids qui se confirme voire s'aggrave à la mesure suivante, il faut consulter un vétérinaire. Il pourra établir la cause du problème (alimentation inadaptée ou donnée en trop grande quantité, maladie, effet secondaire d'un traitement…) et définir comment y remédier.

Enfin, le Laïka de Sibérie Occidentale doit, comme tous ses congénères, pouvoir se désaltérer à tout moment. Il est donc indispensable de lui laisser en permanence une gamelle d'eau fraîche à disposition.

PRENDRE SOIN DE SON LAÏKA DE SIBÉRIE OCCIDENTALE

L'entretien du pelage du Laïka de Sibérie Occidentale ne pose pas de grandes difficultés. Un brossage hebdomadaire permet d'éliminer la saleté et de démêler les éventuels nœuds, et ainsi de le garder en bon état. Lors des mues, qui ont lieu au printemps et à l'automne, la situation est quelque peu différente : il perd alors abondamment ses poils, et doit être brossé de manière quotidienne pour éliminer sa grande quantité de poils morts.

Dès lors que cet entretien est convenablement effectué, le fait que son pelage ne comporte que peu de sébum et soit donc bien moins huileux que celui de certaines autres races permet de limiter l'accumulation de poussière et de saletés. Il reste donc généralement propre et n'a pas d'odeur marquée, même lorsqu'il est humide. Dès lors, un bain n'est que très rarement nécessaire : deux fois par an s'avère suffisant, en le faisant de préférence lors de ses périodes de mues. Dans tous les cas, l'utilisation d'un shampooing spécialement conçu pour les chiens est indispensable, au risque d'endommager sa peau.

Par ailleurs, ses oreilles doivent être nettoyées chaque semaine à l'aide d'un chiffon propre, pour éviter l'accumulation de saletés.

La séance d'entretien hebdomadaire est aussi l'occasion de se pencher sur ses yeux et de les nettoyer avec un tissu humide, afin de diminuer les risques d'infection.

Par la même occasion, brosser les dents de son chien à l'aide d'un dentifrice spécialement conçu pour la gent canine aide à éviter les problèmes bucco-dentaires. L'idéal est même de le faire encore plus souvent, voire tous les jours.

L'usure naturelle est le plus souvent suffisante pour limer les griffes du Laïka de Sibérie Occidentale, si bien qu'il n'est alors pas nécessaire de les tailler manuellement. Il est toutefois recommandé d'y jeter un coup d'œil tous les 1 à 2 mois, pour s'assurer qu'elles ne sont ni trop longues, ni abimées.

Comme les gestes pour l'entretien du pelage, des oreilles, des yeux, des dents voire des griffes de son chien ne doivent pas être effectués n'importe comment, il y a tout à gagner à faire appel aux services d'un vétérinaire ou d'un toiletteur professionnel la première fois. Il peut enseigner les bons gestes, pour apprendre comment manipuler et toiletter son chien sans risquer de lui faire mal voire le blesser. En tout cas, il est bon d'habituer ce dernier à ces différentes opérations dès son plus jeune âge, pour que les séances soient des moments de complicité partagée et non de tensions.

Par ailleurs, comme ce chien passe le plus clair de son temps à gambader en extérieur, il est plus facilement sujet aux égratignures et petites blessures, qui peuvent parfois s'infecter, ainsi qu'aux épillets et parasites. Il est donc recommandé de l'inspecter au retour de chaque longue sortie, en portant une attention spéciale à ses coussinets.

COUT D'UN LAÏKA DE SIBÉRIE OCCIDENTALE

Le prix d'un chiot Laïka de Sibérie Occidentale est d'environ 1000 euros en Europe. Toutefois, bien qu'il s'agisse de la plus répandue des races de Laïka, elle reste difficile à trouver en dehors de sa Russie natale, de la Scandinavie et de l'Europe de l'Est.

Le problème est à peu près le même au Canada, et une option peut alors consister à se tourner vers les États-Unis : on y trouve des chiots autour de 1500 dollars.

Dans le cas d'une adoption à l'étranger, et ce, où que l'on habite, il faut prendre en compte le fait que des coûts de transport ainsi que des frais administratifs viennent s'ajouter au prix d'achat. Par ailleurs, il convient alors de bien s'informer sur la réglementation relative à l'importation d'un chien, afin d'être dans les règles.

Quel que soit le pays, les prix peuvent varier d'un individu à l'autre (y compris au sein d'une même portée) en fonction des caractéristiques intrinsèques du chiot ainsi que de son ascendance plus ou moins prestigieuse et de la renommée de l'élevage.

QUELQUES LAÏKA DE SIBÉRIE OCCIDENTALE CÉLÈBRES

Laïka, le premier chien à être allé dans l'espace en 1957 à bord du satellite russe Sputnik 2, n'appartenait pas du tout à une des races de Laïka. C'était un chien des rues, sans pédigrée. Le mot « laïka » peut être traduit par « aboyeur », et c'est un terme généraliste souvent utilisé pour désigner les chiens en Russie.

LE STANDARD DU LAÏKA DE SIBÉRIE OCCIDENTALE

STANDARD FCI NUMÉRO :   306

DATE DE PUBLICATION :   17/11/11

ASPECT GENERAL :

Chien de taille moyenne à légèrement plus grande ; ayant de la substance et une construction puissante sans lourdeur. La longueur du corps, du poitrail à la pointe de la fesse, est légèrement supérieure à la hauteur du garrot au sol. Le dimorphisme sexuel est clairement prononcé. Les mâles sont plus grands que les femelles avec une masculinité évidente.

Les muscles sont bien développés et l'ossature est forte.

La longueur du corps est supérieure à la hauteur au garrot par 100 à 103-107 % chez les mâles et par 100 à 104-108 % chez les femelles.

Chez les mâles la hauteur au garrot est supérieure à celle à la croupe de 1 à 2 cm ; chez les femelles elle est égale, ou supérieure de 1 cm, à la hauteur à la croupe.

La longueur de la tête est considérablement supérieure à la largeur.

La longueur du museau est égale à, ou légèrement inférieurc à la moitié de la longueur de la tête.

La hauteur des membres, du sol aux coudes, est légèrement supérieure à la moitié de la hauteur au garrot.

Stable et équilibré. Chien vigoureux avec le sens olfactif et de détection du gibier très développés, ayant une passion vive, sensible et prononcée pour la chasse et aussi enthousiaste sur la plume que sur le poil. Confiant et alerte envers les étrangers.

Sèche, en forme d'un coin, en proportion à la taille du chien. Vu de dessus, sa forme s'approche de celle d'un triangle équilatéral. La région crânienne est modérément large ; moins chez les femelles que les mâles.

REGION CRANIENNE :

Crâne : Allongé, nettement plus long que large ; vu de devant, il est plat ou légèrement arrondi. La ligne supérieure du chanfrein est parallèle à celle du crâne. La protubérance occipitale est bien prononcée. Les arcades sourcilières sont légèrement développées.

Stop: Légèrement marqué.

REGION FACIALE :

Truffe : De taille moyenne, noire. Chez les chiens blancs une truffe de couleur légèrement plus claire (nuance marron) est tolérée.

Museau : Modérément pointu, s'élargissant dans la région des canines. La longueur du museau est égale à la moitié, ou légèrement moindre, de la longueur de la tête. Vu du profil, le museau a la forme d'un coin modéré.

Lèvres : Jointives.

Mâchoires et Dents : Blanches, larges, fortes, bien développées et implantées à intervalles réguliers ; dentition complète (42 dents), articulé en ciseaux.

Joues : Zygomatiques saillants.

Pas grands, de forme ovale, placés de biais, relativement enfoncés (plus que chez les autres Laiki) avec une expression déterminée et intelligente. La couleur est marron foncé ou marron selon la couleur de la robe.

Dressées, attachées haut, mobiles et en forme de V avec des extrémités pointues. Les lobes sont peu développés.

COU :

Musclé, sec et long ; la longueur est égale à celle de la tête. Coupe transversale ovale. Inséré à approximativement 45-55° à l'horizontale.

CORPS :

Ligne de dessus : Solide, s'inclinant légèrement du garrot à l'attache de la queue. Garrot : Bien marqué, surtout chez le mâle.

Dos : Solide, droit, bien musclé et modérément large.

Rein : Court, modérément large, bien musclé, légèrement arqué.

Croupe : Large, modérément longue, légèrement oblique.

Poitrine : Modérément descendue (elle atteint la pointe du coude), large, long ; coupe latérale ovale.

Ligne de dessous et Ventre : Relevée. La ligne allant de la poitrine à la cavité abdominale est légèrement relevée.

QUEUE :

Fermement enroulée, elle est portée sur le dos ou sur les hanches. Etirée, elle peut atteindre la pointe du jarret ou être 1 à 2 cm plus courte.

MEMBRES

MEMBRES ANTERIEURS :

Vue d'ensemble : Vus de devant, droits, modérément écartés et parallèles. La longueur des avant-bras, du coude au sol, est légèrement supérieure à la moitié de la hauteur au garrot.

Epaule : Longue et bien inclinée.

Bras : Long, oblique, musclé. Bien angulé entre l'épaule et l'avant-bras.

Coude : Près du corps ; la pointe du coude est bien développée et inclinée vers l'arrière, parallèle à l'axe du corps.

Avant-bras : Long, droit, pas grossier, musclé ; coupe transversale ovale.

Métacarpe : Pas long, vu du profil légèrement incliné. La présence d'ergots n'est pas souhaitable.

Pied antérieur : De forme ovale, cambré avec doigts serrés. Les doigts du milieu sont légèrement plus longs.

MEMBRES POSTERIEURS :

Vue d'ensemble : Musclés, forts avec les angulations de toutes les articulations bien définies. Vu de derrière, droits et parallèles.

Cuisse : Modérément longue, oblique.

Grasset : Bien angulé.

Jambe : Modérément longue, oblique, pas plus courte que la cuisse.

Métatarse (jarret) : Presque vertical. Vu de profil, un trait perpendiculaire tiré de la pointe des fesses au sol, doit tomber juste devant le jarret. La présence d'ergots n'est pas souhaitable.

Pied postérieur : Légèrement plus petit que le pied antérieur. De forme ovale, cambré avec doigts serrés. Les doigts du milieu sont légèrement plus longs.

ALLURES :

Libres, énergiques. L'allure typique est le trot raccourci en alternance avec le galop.

PEAU :

Epaisse et élastique ; sans plis ni tissu sous-cutané.

ROBE

Poil :

Le poil de couverture est dense, dur et droit. Le sous-poil est bien développé, doux, abondant et laineux. Le poil est court et dense sur la tête et les oreilles. Sur les épaules et autour du cou le poil est plus long que sur le corps et forme une collerette, sur les joues il forme des favoris.

Chez les mâles le poil est plus long sur le garrot.

Les membres sont couverts d'un poil court, dur et dense qui est un peu plus long sur la face arrière des membres antérieurs. Sur la face arrière des membres postérieurs le poil forme des pantalons sans franges. Il y a du poil de protection, comme une brosse, entre les doigts. Sur la queue le poil est abondant, droit et dur et légèrement plus long sur la face inférieure mais sans franges.

Couleur :

Gris avec nuances marron rougeâtre, rouge avec nuances marron-rougeâtre, gris, rouge, fauve et toutes les nuances de marronrougeâtre. Blanc pur ou parti-couleur c'est-à-dire blanc avec des plaques de toute couleur mentionnée dessus similaire à la couleur de base sur le corps.

DEFAUTS :

Tout écart par rapport à ce qui précède doit être considéré comme un défaut qui sera pénalisé en fonction de sa gravité et de ses conséquences sur la santé et le bien être du chien et sa capacité à accomplir son travail traditionnel.

• Déviation du type sexuel.

• Légère nervosité ou manque de confiance envers les étrangers.

• Occiput pas prononcé, nez busqué.

• Yeux de couleur pâle.

• Pigmentation pâle sur la truffe, lèvres et le bord des paupières.

• Manque de dents : absence de 4 prémolaires maximum en ce qui concerne les PM1 et PM2.

• Articulé en tenaille (bord à bord) après l'âge de 6 ans.

• Oreilles attachées bas ; souples avec port d'oreille léger ; pas mobiles.

• Croupe horizontale ; légèrement affaissée.

• Epaules droites ; coudes tournés en dedans ou en dehors.

• Côtes plates, poitrine insuffisamment descendue.

• Pieds plats, pieds écrasés.

• Mouchetures de la même couleur que la robe de base sur la tête et les membres.

• Manque de sous-poil, absence de la collerette et des favoris (sauf dans le cas d'une mue naturelle).

• Allures restreintes.

• Taille supérieure à la hauteur maximum de +2 cm pour les femelles. 2 cm en dessous la taille minimum pour les mâles.

DEFAUTS GRAVES :

• Déviation évidente du type sexuel.

• Niveau d'excitation trop élevé.

• Mâles ayant un type féminin ; femelles ayant un type masculin.

• Chien obèse ou maigre.

• Stop abrupt, museau avec truffe aplatie, museau court ; lèvres lâches.

• Dépigmentation sur la truffe, lèvres ou les bords des paupières.

• Yeux ronds ; placés à l'horizontale ; proéminents ; de couleur jaune ; paupières lâches.

• Absence de dents ; petites dents ou dents trop espacées.

• Oreilles dirigées vers l'extérieur ; extrémités arrondies ; trop larges ; lobes trop développés.

• Dos ensellé ; dos voussé.

• Rein long ; étroit ; affaissé ou arqué ; trop fort.

• Poitrine pas suffisamment descendue.

• Queue trop longue ou trop courte ou qui ne touche ni le dos ni les hanches.

• Pieds visiblement tournés en dehors (panard) ; en dedans (cagneux) ou membres antérieurs arqués. Métacarpes écrasés.

• Membres postérieurs trop angulés ou droits ; grassets tournés vers l'extérieur ; jarrets clos ou postérieurs trop étroits.

• Allures lourdes ou restreintes ; allures raides ou raccourcies.

• Poil trop long sur la face arrière des antérieurs ; franges prononcées sur les cuisses et la queue.

• Poil ondulé, bouclé, doux ou trop long ; poil formant une raie sur le dos et le garrot.

• Mouchetures excessives, de la même couleur que la robe de base, sur la tête et les membres.

• Mouchetures de couleurs autres que la couleur de base.

• Robe noire ou noir et blanc.

• Ecart de taille de +/— 2 cm ; hauteur au garrot inférieure à la hauteur à la croupe.

DEFAUTS ENTRAINANT L'EXCLUSION :

• Chien agressif ou peureux.

• Tout chien présentant de façon évidente des anomalies d'ordre physique ou comportemental.

• Articulé incorrect.

• Articulé de travers.

• Absence de 4 dents ou plus, y compris PM1 ou M3. Incisives en surnombre.

• Œil vairon ou tâchés.

• Oreilles tombantes ou semi-tombantes.

• Queue en panache, de loutre ou portée en sabre ; queue très écourtée.

• Poil trop court ou trop long.

• Couleur marron génétique, bleue génétique, bringée ou albinos.

• Les mâles doivent avoir deux testicules d'aspect normal complètement descendus dans le scrotum.

• Seuls les chiens sains et capables d'accomplir les fonctions pour lesquelles ils ont été sélectionnés, et dont la morphologie est typique de la race, peuvent être utilisés pour la reproduction.

Publié par

Nature & Santé

www.ingramcontent.com/pod-product-compliance
Lightning Source LLC
Chambersburg PA
CBHW072036150726
47999CB00002B/935